JN412104

晶竹詩集 ❸

2020

晶竹

한림원 출판사

윤권이
여럿 고모할머니들 할아버지들을 위하여
이 시집을 냅니다.
늘 건강하시기를 기원합니다.

서문

생활 일기를 장황하게 쓰기가 번거로워 토막 글로 쓴 것이 시라고 하기에는 부끄러운 점이 많다. 그렇게 써 놓은 2020년 정죽 시 묶음 정죽시첩 3을 4년이 지난 2024년 오늘 정죽시집 3을 출간한다. 시간을 거꾸로 세워 4년 전 일들이 새롭게 떠오른다.

윤권이 시원유치원 1학년을 마치고 2학년이 되는 얘기, 2월 달에 미국을 방문하여 두 달만 있다가 온다고 하고 떠난 미국 길, 중국 우환 폐렴 코로나로 하늘길 막혀 6월 초에나 귀국한 일, 서울 땅 밟고 2주 동안 격리 수용된 일, 윤권이 한양초등학교 입학에 추첨 돼 그 기쁜일 들이 주마등같이 흘러간다.

목차는 6개 장으로 구성되어 있고, 좀 긴 장은 다시 중간 목차를 두었고, 세부 목차에서 내용을 나열했다. 제1장. 2020년을 열며, 제2장. 하늘 길 막혀, 제3장. 귀국해서, 제4장. 새로운 세상, 제5장. 윤권이 합격, 제6장. 2020년을 보내며, 수록된 글은 일기 같이 쓴 날짜 순서로 정돈되었다.

2020년에 정죽 시를 다듬어 정죽시첩 3이 만들어

질 때까지 애써 주신 오택원 선생님께 감사함을 전한다. 특히 축시까지 써 주셔서 감사한다.

미국에 4, 5개월 있는 동안 보스톤에서 딸 에스터 뉴욕, 플로리다에서 동생 준호와 제수씨, 남가주에서 선자 동생과 매제 장서방의 지극정성으로 보살펴 준 일, 복자 누나의 큰 배려, 수십 명의 조카와 손자들에게 이 책을 내며 큰 감사한 마음을 전한다.

이 시집을 출판해 주신 김흥중 한림원 대표님께 감사함을 전한다. 특히 한윤서 선생님의 세심한 편집에 무어라 감사함을 표할 수 없다. 표지 디자인을 해 주신 조선영 선생님께도 감사함을 전한다.

2024년 10월

정 죽

송파 국화가 있는 마을

오근호 선생찬(吳根鎬先生贊)

오택원(吳澤源)

저기 백발신사 한 분이
정정한 모습으로 걸어오신다
흰 머리에 잘 어울리는
환한 미소와 건강한 동안(童顔)
우리나라 결정학계의 태두 오근호 박사이시다

그래서 그런지
눈에는 인자한 미소를 띠고 입은 한 일자로 단호하다
정(晶)은 밝고 환하고 맑고 투명하게 빛나며
죽(竹)은 쉬운 듯 하지만 결코 간단하지만은 않다

그의 아호는 정죽(晶竹)이다
호랑이는 죽어서 가죽을 남긴다는데
여러 십 년 갈고 닦아
쌓아올린 금자탑에
한층 더한 그 이름
오근호가 빛나는구나

序詩

정죽시첩 3을 낸다
부끄러웠다
너무나 내 내면을
내 생활을
내 맘대로
내 느낀 대로
내쓰는말로
내 주위의 얘기들을 적어 놓은
내 생활 일기

윤권이 성장 모습을 미국방문의 보스톤에서
뉴욕에서 풀로리다에서 그리고 남가주에서
발길 닿는 대로 본 대로
휘갈긴 나만의 낭만

목차

제 1 장

2020년을 열며

(세부 목차)

작은 숲 카페

눈덮인 남한산성 둘레길
제자 김훈과 걷는다
오르락 내리락
백제장 지나 북문 연주몽 서문
국청사 지나 다달은 아늑한 집
작은 숲 카페
우린 끝없는 인생 얘기
끝없는 생활 얘길 하며 걸었다
어딘가에 있는 안식처를
찾아 인생길 걸었다

그 종착역 작은 숲 카페
찬 몸 녹여 주는 훈훈한 온기
산성리 골짝에서 난 야생 강아지들
홀 마루서 사이좋게 어울려 논다
오줌 싸고 똥 싸며 계곡서 떠도는 개 불쌍해
야생개 밥 챙겨 주는
카페 주인 아줌마

새끼 열 마리 낳고 배고파
신음하는 어미개
젖 달라 아우성 치는 열 마리 강아지
카페 아줌마 집에 데려와
따뜻하게 보살핀다

카페주인 아줌마 사랑 듬뿍 받은 강아지
우리의 종착역 작은 숲 카페

(2020년 1월 1일)

윤권이 고모

오늘 고모 멀리 보스턴서 오셨다
현관에 들어서는 고모
윤권이 고모 고모
발 동동 구르고
좋아 소리 지른다

윤권이 서너 살 무렵 고모의 첫 방문
어린 윤권이 고모의 정
잊지 않고 간직하고 있다

(2020년 1월 2일)

白歲(백세) 생일

오늘 白歲 生辰(백세 생신)을
맞으시는 장모님
딸 며느리 손자 증손자 사위에 둘러싸이신
행복의 주인공
장모님
백세 생신 축하드립니다

신체 건강하신 장모님
과거를 잊으신 장모님
장모님의 현재의 정신 세계는 어디이신가요

분노 질투 없는
사랑과 아름다움만 있는
이상향에 계시는가요
저희들이 모르는 세계에 너무 오래 머무르셔서
안타깝습니다

어떤 세계에 계시더라도
오늘 장모님의 백세 생신
이 영광의 순간을
장모님이 향유하시는 세계에서
즐거우시기를 기도 드립니다

(20201건 1월 5일)

象牙塔(상아탑)

백남도서관 5층에서 굽어 보이는 신본관 尖搭(첨탑) 지붕
상아탑의 상징
미지의 세계를 개척하는
世界(세계) 건아들아
여기와 이 첨탑을 보라
저 상아탑을 보고
미래를 깨달아라

첨탑 너머 멀리 보이는
흐르는 두 강의 만나는 접점
용비교가 우아하게 걸려 있다

만남 연결 상아탑의 渾身(혼신)
상아탑이 내뿜는 학문의 절정
한양의 얼이 거기 있다
신본관 첨탑
세계 상아탑의 중심
한양의 정기 영원히 흐른다

(2020년 1월 8일)

윤권이 눈물

오늘 고모 떠나시는 날
공항가는 차 안에서 윤권이
고모 비행기 떠났으면 한다

떠나시는 고모 너무 아쉬워
윤권이
고모 놓아 줄 수 없구나

고모 떠나보내고
윤권이 얼마나 슬프게 울고 짜증 내는지
달래고 추스르고

고모의 떠남
작은 가슴에
이별의 슬픔을 남겼다
윤권아
순수한 아름다움
영원히 간직하리

(2020년 1월 10일)

2020년 1월 15일

세계 고아의 어머니 윤학자
그 아들 윤기
어머니 탄생 100주기 UN 세계 고아의 날 제정
提昌(제창)하였다
고아 없는 세계 울부짖은 어머니 윤학자
그 숭고한 뜻 담아
아들 윤기 咆哮(포효)하였다

오늘 2020년 1월 15일
이순재
총재 추대받아
崇古(숭고)한 정신 이어간다

백의민족 온 얼
우렁찬 함성
백두대간 요동치고
에베레스트 알프스 킬로만자로 록키 안데스
화답한다

오늘 2020년 1월 15일
이순재 총재 되어
역사에 길이 남을
한 걸음 내딛었다

(2020년 1월 15일)

스키 윤권이

1월 18일 오늘
용평 雪原(설원)에 윤권이 Ski에 오른 날
백두대간 태백 준봉
용평
하늘에서 내린 은백의 눈 쌓인
용평
가파른 산 허리를 가로질러
윤권이 애비와 질주한다

그 언덕
애비가 너댓 살때 연두빛 잠바 입고
땅에 붙어 질주하던 곳
그 언덕
윤권이가 오늘
애비가 닦아놓은 눈길 따라 내려온다
또 훗날 윤권이 애들도 내려올 슬로프
윤권이 열심히 눈길 따라 내려온다

(2020년 1월 18일)

제 2 장

하늘길 막혀

중국우한폐렴 Pendemic (중간 목차)

제 2 장

하늘길 막혀

중국우한폐렴 Pendemic

보스톤에서(세부 목차)

비 오는 보스톤

학문의 도시 보스톤에
비가 내린다
언제나 구름에 덮여
생각이 깊어지는 동네
보스톤
통달된 기운 하늘을 뚫어 비를 내린다
창가에 앉아 뚝뚝 떨어지는 비를 본보다

(2020변 2월 18일)

2020. 2. 18

允權(윤권)이 오늘 2월 18일
시연유치원 일년 수료식
우측 1번 자리에 근엄하고 엄숙하게
앉아있다
민족 국가 이끌어갈 聖君(성군)
오윤권
위엄 갖추고 가만히 앉아
무슨 생각 그리도 깊은가

시연유치원 일년
혼자 思考(사고)하는 능력
논리적으로 표현하는 표현력
친구들과 어울리는 사회성
독자적 행동의 독립성
자기 의무의 책임감
계획한 일의 추진력
끝까지 성취시키는 지구력 인내력
이 모든 일

시연유치원에서 연마한
윤권이의 한 해 성장이다

언제나 건강하고
맑고 씩씩하게 자라 다오
우리 聖君(성군) 오윤권

(2020년 2월 18일, 미국에서 할아버지가 윤권이에게)

자유시간

인간에게 자유 시간이 있나

자유는 무엇인가
본능 굴레 밖의 경지
시간은 무엇
한 방향으로만 흐르는 형이상학
자유 시간은
시간 본능 범주 밖의 존재

1870년대 건립된
한 오두막집
작은 창문에 영겁의 햇빛 공기만 존재한다
거기에 내가 있고
내가 자유이다

시간이 정지돼 좋다
햇빛 공기만 있어 좋다
퇴임이 자유인지 알았는데

짜여 있는 매일의 생활에
노예가 되었다

공기가 달고 햇빛이 부드럽다
시간은 존재하지 않어
내가 無限(무한)이다

나는 자유 시간에 있다

(2020년 2월 20일)

제 2 장

하늘길 막혀

중국우한폐렴 Pendemic

New York에서(세부 목차)

High Line

구름 높이 솟은 다리
사람의 인파 구름 만든다

사람 구름 하늘 구름 어울려
끝없는 긴 줄 만드는구나
신비의 여행길이다

옛날 이 철길
산업 문화 여는 역군
사랑의 열매 맺어준
심부름꾼

세월이 흘러
지천꾸러기 흉물로
퇴역한 철로
철거의 기로에 섰다

새 생명 불러 일으켜
High Line이란 이름으로 다시 태어난 철로

High Line을 사랑하는 증표로
주변에 수많은 새 건물 경쟁적으로 일어나
지상천국 이루는구나

문명을 깨우던 철길
이제 High Line
신비의 천국 구경하고
지상의 낙원 만드는구나

High Line
인생의 무상함을 老여행객에 말해 준다

(2020년 2월 20일)

因緣(인연)

인연은 만남이다

오십여 년 전 학생 때
좋은 만남의 한 친구가 있다
그저 좋아 매일 같이 만나
이 집에 들러 칵테일 한 잔
저 집 들러 한 잔
그것이 젊음 특권인지도 모르고
그저 만남이 좋아 매일 만났다

시간이 흘러 공부도 끝나고
초년병 대학교수가 돼
떠나는 운명을 만났다
그리고 바쁜 나날과 생활의 연속
그리고 또 오십여 년 세월이 흘렀구나

때로는 조용히 앉아
Cocktail 한 잔할 때면
그 옛날 그 친구 생각이 나고

나도 철없이 놀던
자랑할 젊음 있었다고 얘기하고 싶어진다
세월은 그렇게 흘러 이제 팔십이 넘었구나

오늘 친구 만나러
살고 있는 지구 반대편에서
밤낮 달려 왔건만
감기로 거동이 힘들어
再會(재회)는 이루어지지 않았다

이젠 팔십 노구
형상도 많이 변하였으리
오십여 년 전 청년의 자태로
영원히 남아 있으란 인연이구나
인연의 운명은 정해져 있구나
패기 있는 젊음의
그 모습으로 영원히 기억하라고

여기까지가
우리 인연의 전부다

(2020년 2월 24일)

음악감상회

Fort Lee 한 쇼핑 廣場(광장)
구석에 자리잡은
아담한 사무실
방명록에 조용히 이름 석자 적어 놓고
경건히 앉아 있는
음악 애호가들
漢陽大(한양대)서 음악 전공한
음악 해설자 李博士(이박사)
풍부한 자료와
해박한 지식
뛰어난 유머감각으로
시청자들의 정신을 앗아간다
한 시간 반 음악과 해설
그 흐르는 시간 붙잡아 놓고 싶구나
이 여행의 잊지 못할 한 Chapter

슈베르트 겨울나그네
낭만의 극치

(2020년 2월 25일)

Ground Zero

뉴욕 멘하탄 남단
2001년 9월 11일 테러로
이천구백칠십칠 英靈(영혼)
그리고 1993년
여섯 명의 英靈(영혼)
고히 잠든곳

난 그대들을 위로하고
극악무도한 무슬림 테러들을 규탄하러
지구 동쪽 끝에서 왔노라

그리고 30여 년이 흐른 오늘
테러 괴수들 참수되고
그대들의 값진 희생에
묵념하러 왔노라

인류 생존의 敵(적) 테러
난 테러 집단을 詛呪(저주)함을 고하러 왔노라

오늘 이슬비 내리는 이곳
하늘도 눈물로 그대들을 위로하는구나

멀리서 온
늙은 나그네 기약없이 떠난다
영령들이여 부디 고이 잠드소서

(2020년 2월 26일)

할머니

할머니가 뭐 하는지
난 다 알아
할머니가 얼마나 방힘들어하는지
할아버지는 다 알지
말없이 지난 긴 세월이지만
사십여 년 산 시간이
다 말해 준다

할아버지
괴롭고 슬프구나
위로하고 도와줄 방법 몰라
더 괴롭고 슬프다

(20201년 2월 26일)

Brooklyn Bridge

브르크린 브릿지
Brooklyn과 Manhattan을 잇는 架橋(가교)
다리 중앙 높이 설치한
行人(행인)길
봄 재촉하는 이슬비 맞으며 걷는다
雲霧(운무)에 싸인 만하탄에
詩(시) 한 수 남기며
이스트 江(강)물 위 걷는다

(2020년 2월 26일)

La Traviata

뉴욕 Metropolitan Opera House
26일 저녁
La Traviata 공연이 있다

1층 Balcony
6층 Family Circle
10여 층 장엄한 공연장
관객으로 꽉 차 있다
그 관중 속에 내가 있다
영광스런 시간이다

La Traviata
19세기 Verdi 오페라
고급 창녀 Violetta와
장래가 촉망한 젊은 청년 Alfredo와의 사랑 얘기
순수한 인간愛(애)다

Alfredo 아버지의 방해로
그 고귀한 사랑은 깨지고
Violetta는 죽음을 맞는다

이루어지지 못하는 애절한 사랑 얘기

참 사랑을 느끼는
Violetta
감미로운 노래로
사랑을 표현한다

사랑이 무엇인가
가슴속에서 흘러나오는 Violetta의 황홀한 노래

진지한 사랑을 고백하는
Alfredo
사랑을 얻은 Alfredo
젊음의 패기 인생의 희망 모든 것 다 가졌다

그 사랑
비참하게 무너진다

Violetta-Alfredo 비참한 절규
가슴이 찢어진다

Duma는 왜
이리 비극으로
끝을 맺었나

Verdi는
불후의 곡을 남겼다

La Traviata

(2020년 2월 26일)

Museums

걸신들려
뉴욕의 MoMA(Museum of Modern Art)를
Metropolitan Museum of Art를 둘러본다

Manet Monet Renoir Van Gough Goggins Cezanne
Mattis Picasso Chagall을 섭렵한다

인상파 뿌리 마네
인상파 몸통 모네
인상파 르노와 반 고흐 고갱

세잔느
현대 미술의 뿌리 세잔느
마티스 피카소 샤갈

벅찬 하루로 뛰며 보았다
훌륭한 목록이다

(2020년 2월 28일)

진아네 宮闕(궁궐)

뉴욕을 방문하는 일정에
진아가 시집가 사는 동네 Derien을 찾는 일도 있다

남편 미구엘과 진아
그리고 세 아들들 필입, 데뉴엘, 벤자민
이렇게 사는 동네 데리엔
조용하고 평화롭고 知的 氣(지적 기)가 넘치는구나

거기에 둥지를 튼 궁궐
이천여 평의 광활한 대지
여러 개 방 다 여유롭고
활기찬 세 새끼들의 포효
Aupair의 시중을 받는 세 왕자님들

어렸을 때부터 슬기롭고
활달히 붐벼대던 오진아
사랑하는 남편
소중한 세 아들

궁궐같은 집에서
무궁히 건강하게
잘 지내거라

이 둘째 큰아빠 방문
또 기약할 수 없구나
미구엘한테 얘기했듯
미국의 國母(궈모)되거라

(2020년 2월 29일)

제 2 장

하늘길 막혀

중국우한폐렴 Pendemic

Florida에서(세부 목차)

Tampa

탬파 기후는 따듯하고
사방 어디를 둘러 보나
地平線(지평선)
가슴이 뻥 뚫린다
추워 움추렸던
몸에 기지개가 나온다

동생 준호와 반팔 차림으로
골프를 친다

골프장은 동네 한가운데
잣치기 놀이터
젊은 부부 어린 애들
중년 늙은이 혼자서
동네 사람
다들 골프채 하나씩 들고 나와
저녁 전 휘두르는 운동장
저녁이 되니 다들 사라져

그 넓은 공간에
우리 형제만 남아 있다

Shot 하나 하나에 심각하게 All in하는
우리 형제
挑戰(도전)하며 인생을 즐긴다
Ecstacy의 연속
우린 저 멀리 북극같이 추운 땅에서 왔다
고귀한 이 순간들
순간 순간의 연속

골프장에 야생 여우 한마리 나타나
우리를 환영하듯 먼 빗발서
졸졸 따라온다

Tampa
異國(이국)서 온 나그네에겐
天國(천국)이다

(2020년 3월 1 일)

Dungeness Crab

내가 살던 Seattle서
멀지 않은 漁村(어촌) 동네
Dungeness
영덕 게 같이
Dungeness 게는
맛있기로 유명하다
오늘 준호 동생과 같이
Dungeness Alaska Crab 식사했다
게살은 풍족하고 육질이 있어
씹는 맛이 있는 던지니스 알래스카 Crab
미식가도 아닌
우리의 입맛을 Refresh 시켜 준다

Dungeness Crab
Dungeness Alaska Crab
일미 중 일미다

(2020년 3월 2일)

Pebble Creek

정겨워 어제 이어
오늘도 또 너를 찾았노라
밀림의 한가운데
늪지 호수에 도문 드문 얼굴 내민 뭍
이것이 Pebble Creek Golf Course다

꼬불꼬불 미로같은 Course
긴 가로수 Course
호수 옆 지날 땐
Alligator도 느린 걸음으로 다가온다
골프 치자고
귀족 잿두루미 빨간 갓 쓰고
여유로이 우리 곁을 지나간다
시간도 하늘도 멈춰선
적막의 중심
Pebble Creek 樂園(낙원)

우리 형제는
조그만 Hole 하나만 보고
무아 경지서 Club을 휘두른다
仙境(선경)
Pebble Creek 에서

(2020년 3월 4일)

27 Hole

Bebe Zaharias 30년대
전설적 여자 Golfer
그녀를 기리기 위해 조성된 명문 골프장
지나가는 나그네
오늘 들른 그곳
Florida 강렬한 태양빛
잘 조성된 잔디밭
두 나그네 걷는다
골프 Club 휘두르며
지평선 끝자락 그린만 보고
황홀경에 깨어나니
어언 27 Hole이다

Babe Zaharias Golf Course
나그네
기약없이 떠나는구나

(2020년 3월 5일)

다 알아

사랑이
희망이
없다는 것 다 알아

사랑이
희망이
있었다는 것 다 알아

사랑이
희망이
있다는 것
있을 것이란 것
다 알지

지금
사랑이란 얘기
희망이란 얘기
할 수 있나

말 안해도
할머니 눈길
할머니 몸짓
다 애기해 줘
다 알지

(2020년 3월 6일)

Longhorn Steakhouse

숙성의 신비
부드러움 질김의 조화
익힘 기술의 통달
숯불의 환상
스테이크는 요리의 꽃

Tampa를 찾은 나그네
Longhorn Steakhouse
스테이크 진수를 맛본다

세 번의 아쉬움을 뒤로 하고
황홀경에 깨어나
롱혼을 떠난다

(20201건 3월 6일)

호떡 빵

호떡을 좋아하는 윤권이
오늘 에미가 사 온 호떡
유난히 맛있어 한다
세개 중 두개 다 먹고 이
호떡 맛있다고
할아버지 오시면
드린다고
하나 남겨
냉장고에 깊이
둔단다

(2020년 3월 7일)

The Craw

Tampa에 있는 University of South Florida
삼백여 만 平(평) 광활한 Campus
한 귀퉁이에 조성된 대학 골프장 The Craw

나그네 Craw를 찾았다
잘 조성된 호수
무성한 나무들
아늑한 대학 골프장
여유 있게 골프 즐기는 골퍼들

우리도 느릿 느릿
보조 맞추며
Florida 햇볕
부드러운 바람 즐기며
꿈 꾸듯 한나절 보냈다
속절없이 지나가는 시간
아쉽기만 하다

고마웠다 Craw야
기약없이 떠난다

(2020년 3월 7일)

제 2 장

하늘길 막혀

중국우한폐렴 Pendemic

다시 보스톤에서(세부 목차)

Mega Bus

메가버스
뉴욕
7th Ave 27th St에 도착
11th Ave 34th St에서
보스톤을 향해 출발한다

제수씨 이른 아침 준비하시고
동생 준호 한가한 일요일 아침
Geo. Washington 다리 건너 고맙게 데려다 준다

교육도시 보스톤
벤처 도시 보스톤
꿈을 찾는 젊은이들
그 긴 줄에 합세한 나

버스는 Lincoln Tunnel
Fort Lee Geo. 다리 건너
지나 사는 Derien(데리엔)

유진이 공부하던
Yale University
뉴헤븐 관통하여
북쪽으로 북쪽으로
理想鄕(이상향) 보스톤으로
질주한다

보스톤에 있는 딸 에스터에게 큰 꿈 전하러
Mega Bus와 같이 달리고 있다.

(2020년 3월 8일)

언덕 위 하얀 집

언덕 위 하얀 집이 있다
300여 평 대지에
아늑하고 온 세상의
부드러움이 숨 쉬는 곳
아침에 해 떠 하루 종일
친구 삼아 곁에 있고
먼 지평선 아래서
사랑과 믿음이 있는 樂園(낙원)
언덕 위 하얀 집
딸 에스터 집이다

(2020년 3월 10일)

비 오는 날

보스톤에 비가 내린다
보스톤,
육십대 칠십대 황금 시기 10여년
좋은 추억의 흔적
많은 곳
발자취 찾아 告別(고별)하러 왔노라
숨 쉬었던 많은 장소
호흡을 같이했던 사람들
마음 새겨 전하고 싶은 일
다하고
떠나도 후회 없이 가는구나
하늘도 무심치 않아
비까지 내려 주는구나

(2020년 3월 13일)

어느 토요일 오후

한가한 토요일 오후
우한 코로나로 스케줄이
Cancel 되었구나

송아지같이 큰 개 Castro
천방지축 일 년 반 된 핏불
Sage
튼튼한 쇠목걸이 장식한
歷戰(역전)의 용사같은 두 마리
보스톤 郊外(교외) Quincy
한가한 거리를 활보한다

인간에게 충직하고
주인에게 절대 복종하는
개
개에게는 본능이
절대적이다
그래서 정직하다

인간은 개한테
배워야 할 게 있다

(2020년 3월 14일)

늦은 오후

Castro, Sage 데리고
고모와 늘 하는 오후 산보
청명한 보스톤 하늘
어느덧 해는 뉘엿뉘엿 기운다

아. 집이 그립다
가고 싶다
조잘대는 윤권이 소리가
듣고 싶다
가방 메고 모자 쓰고 흥분해 나가는
윤권이 뒷모습 보고 싶다
늘 우아한 에미가 보고 싶다
듬직한 애비가 보고 싶다
늘 무서운 할머니 눈총이
그립다
어리광 부리는 몽구가 보고 싶다
편안한 내 침대가 그립다
이것이 가족이고 집이다

가족이 귀하고
집이 좋다

(2020년 3월 15일)

잃어버린 봄

Magnolia 피는 날
내 봄은 온다
木蓮(목련)꽃 지면
내 봄은 간다
세상의 순결 우아함의 상징
목련
꽃 향기 없어 더 순수하다
모진 찬 바람 휘몰아치는 추운 날
높은 나무 위 흰 목련꽃
봄의 Harbinger
내 純葉(순엽) 전하러 가는 날
한잎 두잎 떨어져 있다
내 봄도 가는구나

아, 이 봄
멀리 이국땅서
내 집 앞 목련 볼 수 없어
봄을 잃는구나

(2020년 3월 20일)

제 2 장

하늘길 막혀

중국우한폐렴 Pendemic

남가주에서(세부 목차)

남가주의 아침

남가주의 일요일 아침
고요함 평화로움의 대명사
햇님도 이 적막 깨지 않으려
살금살금 기어 오르신다
화단의 풀잎 꽃 나무
밤새도록 가다리는데
지나가는 나그네 일어나
기지개 편다
솟아오르는 태양 부축한다
떠오르는 햇님 고맙다고
미소 지으신다

(2020년 3월 22일)

南加州(남가주) Eucalyptus

내 방 Curtain 열면
Eucalyptus 높이 서 있다
잔 가지도 없이 고고히 서 있다
하늘 높이 솟은 나무
깊은 기개 굳은 의지
백옥같은 둥근 기둥
순수한 절개
높은 자리에서 뻗쳐 있는 가지들
우아하게 늘어진 잎사귀
바람에 느릿느릿 흔들린다
유칼립투스
선자 동생 집서 만난
귀한 내 친구

(2020년 3월 25일)

南加州(남가주)의 三月(삼월)

남가주 삼월은 추운 가을
털모자 마후라 잠바 껴입는데
남가주 삼월 태양 봄스럽다
앞마당 석류나무 빨간 꽃망울
노란 레몬 주렁주렁
무화과 새 잎 선보이고
화단의 노랑 빨강 주황 보라
꽃들 만발하다
아침 저녁 추워 움추리는
나그네

(2020년 3월 26일)

Huntington Beach

바람 부는 사막 한가운데
홀로 서 있는 나그네
우한 코로나로 문 닫은
Huntington Beach
넓디 넓은 Beach 텅 비어 있다
모래풍 끝없는 수평선
남가주의 높은 태양
그리고 나그네만 있구나

(2020년 3월 26일)

University of California at Santa Barbara UCSB

남가주 상쾌한 창공 위에 얹고
Hollywood Thousand Okes
Camarillo Oxnard Ventura 지나
북으로 북으로 달려
당도한 곳
Santa Barbara(SB)

SB 시내 지나 북쪽 모퉁이
동쪽의 높은 산 완만히
꼬리 내려 만든 절벽 해변
UCSB 둥지 튼 곳
먼 태평양 눈 앞에 펼쳐 있고
동쪽 산 정기 넘쳐 흐르는 곳
도서관 예술관 사회인문학관 공학관 과학관
넘쳐나는 생동감
망망대해로 끝없이
뻗어나는 학문의 열정
나그네 흥분케 한다

아, 원망스럽다
중국 우한 코로나
패기 찬 젊은이
다 떠난 텅 빈 교정
나그네 무거운 발길 돌린다

(2020년 3월 27일)

Santa Barbara

스페인 풍 유서 깊은 천주 교회
스페인 작은 한 도시 옮겨 놓은 듯
건물 하나하나 우아하다
잘 구획된 청결한 거리
박물관 도서관
문화의 자랑거리 즐비한
샌타 바버라

뒤쪽 산 언덕부터 해안선까지
태평양 바다 향해
가지런한 주택
바다 위 인공 Wharf
갓 잡은 海産物(해산물) 요리들

남가주 밝은 태양
먼 바다서 불어오는
신선한 바람

나그네 넋 빠져 있다

(2020년 3월 27일)

아침 散策(산책)

남가주 아침 태양
산들 산들
산들바람
상쾌한 아침

선자 동생 집 뒷 마당
공원
아침 기지개 피는 꽃
끝없이 연결된 담장
맑은 공기 깊게 마시며
한적한 길 걷는다

조용한 산책길
걷고 또 걷는다

(20201년 3월 28일)

남가주 아침

고요한 남가주 아침
Noble한 안개 장막
살랑 바람
따스한 햇볕
이름모를 봄 새
영롱한 노래소리
구름 한 점 없는
푸른 하늘
Hummingbird
빨간 석류꽃 봉오리
남가주 아침
평화롭다

(2020년 4월 1일)

중국 우한 코로나

윤권이
우한 코로나 퇴치한다고
현관문 유리창 닦는다
바이러스
감히 침입할 수 있을까
윤권이 Spirit
바이러스 박멸시킨다
누가 시키지도 않았는데
윤권이 스스로
코로나 퇴치에 앞장서고 있다
윤권이 Leadership
타고난 자질
민족의 위대한 지도자 되는
오윤권

(2020년 4월 1일)

남가주 비 오는 四月(사월)

아침부터 장대비가 내린다
일 이월에 내리던 그 비
사월에도 내리는구나
일년 내내
비 한방울 없는 남가주
사월 비
상서롭다

잔디 화단의 꽃
정원의 나무
비 맞아
생명력 생동한다

아침마다 눈 맞추며
문안하는 내 Hummingbird
오늘은 오후에나
오려나

(2020년 4월 6일)

Corona

코로나 때문에 집에 못오는
할아버지
윤권이가 보고 싶어 한다
할아버지
마스크 쓰고 손 잘 씼으면 돼요
할아버지
빨리 오세요
보고 싶어요

코로나, 중국 우한 폐렴
윤권이 유치원
문 닫고
윤권이 미술학원
가지 못하고

코로나 바이러스
너
옥같은 윤권이 마음에 영혼에
잊지 못할 기억으로 남겠구나

영특한 윤권이
바이러스 퇴치에
세계적 지도자 되리

(2020년 4월 15일)

Connor 녀석

카너 녀석 2017년생
善子(선자) 동생 외손자
천방지축의 대명사
Connor

요구르트 한 손에
또 한 손에 쥐어줘야 한다
순식간에 빨대로 후루룩
마시고 마루바닥에 내던진다
집어 휴지통에 넣으라면
축구공 차듯 발로 휙
떼굴떼굴 구르는
빈 요구르트 통
깔깔대며 웃는다
백옥 같은 순수한 마음

Connor
온종일 제 누이 Penelope

졸졸 따라다니며
경험하지 못한 일
쉽게 배우는 현명한 카너

Connor
원하는 것 떼 써서
꼭 가지고야 마는
순수한 그 본능
참 아름답다

이 고귀한 욕망
Lincoln 같은
위대한 지도자 되는
꿈으로 승화하리라

(2020년 4월 16일)

Claremont Colleges

흰 눈 덮인
San Antonio 高山峻嶺(고산준령) 기슭
광활한 대지 위에 서 있는 대학 도시 Claremont
市(시) 중심에
일곱 독립적 대학들
옹기종기 이웃하고 모여 있다
친근감 넘치는 도서관들
아늑한 내 집 같은 기숙사 건물들

온 대학 온 마을
높은 청운의 큰 뜻 갖고 방방곡곡에서 모인
젊은이들
그 꿈 이루라고
정성으로 섬기고 있다

중국 우한 폐렴 Pendemic
야망을 가진 젊은이들 다 몰아낸
텅빈 교정 오랜지나무 꽃

향기만 홀로 풍기고 있다
세월이 지나
교정의 자스민
꽃향기 퍼질 무렵
패기 찬 젊은이들
다시 오겠지

(2020년 4월 17일)

깊고 넓음

한 여인을 사모하는 젊은이
심한 복통에 시달려
생사의 기로에 있었네
의지할 곳은 오직 사랑하는 그이뿐
젊은이 아픈 배 움켜 잡고 먼길 택시 타고 왔네

간호하라고
한적하고 아담한
딸의 방으로 안내하신
넓고 깊으신
그녀의 어머님

사랑
쾌유의 지름길

그때의 깊고 넓으신
魂(혼)
언제나 우리를 지켜 준다

그때의 깊으신 恩惠(은혜)
가슴에 영원히 있다

그리고
이렇게 사랑하고 있다고
건강하시라고
기도한다

(2020년 4월 28일)

사랑의 變曲點(변곡점)

당신이 오늘은 많이 보고 싶구려

아슬아슬한 어린애에게 주는 무서운 눈길도 그립군요
그 눈길
오랜 세월 깊고 진지한
사랑이 녹아 있는 따스함 입니다
당신의 무뚝뚝한 손길
긴 세월 길들여진 사랑의 촉감이란 것 깨닫습니다

별도 지기 전
이른 새벽
우린 기사문 모래사장을 거닐었죠
당신은 내 팔을 베고 눕기도 했고
난 옆에서 당신을 위해 노래도 불렀죠
당신을 오래 떠나 있으니
옛날 젊었을 때 생각도 납니다

세월이 흐르며
사랑도 변곡점을 갖는 모양이죠
오랜 지난 날 축적된 모든 사랑과 경험
앞날의 우리의 삶에
밑거름이 되는 거지요

아, 오늘 당신이 많이 보고 싶소.

(2020년 4월 29일)

南加州(남가주) Fullerton

Fullerton
Coyote Hill 얕은 야산 기슭 아래
150여 년 전에 만들어진
조그만 마을

시내 중심 500여 미터 거리엔
정착민이 말 타고 다니던 먼지가 이는 듯

나즈막한 건물들
문명의 때 스며들어 먼지 다 털어 내고,
음식점 Souvenir 가게 옷 상점
옹기종기 모여 있다

300여 미터 떨어진
고색창연한 기차역 Union Station
북으로 나성을 거처 상항에 당도하는 철길
문명의 발전으로 뒤안길로 물러난 Union Station 철길
한가하다

쇠퇴한 그 옛날의 영화
지나가는 나그네 마음 슬퍼진다

“중국 우한 폐렴”으로
철시한 모든 상점
나그네 맥도날드
겨우 찾아 헴버거로 요기한다.

(2020년 5월 3일)

어린이 날

윤권이 여섯번째 맞는 5월 5일 어린이날
초등학교 가기 전
마지막 뜻 깊은 어린이날
나무들 초록 새 옷 입고
화단에 꽃 만발하고
맑은 푸른 하늘
아름다운 새 소리
모두 다 우리 윤권이
어린이 날 축하해 주네

아무리 코로나가
떠돈다 하지만
우리 윤권이 큰 꿈
오월의 큰 기상
그런 코로나
단호히 물리친다

오월은 어린이 날
윤권이 날
오늘 어린이 날
즐겁게 노래하고 맘껏 뛰어놀자
노래하고 뛰어놀자
오늘 윤권이 날

미국에서 할아버지가
2020년 5월 4일 윤권이에게

(2020년 5월 5일)

南加州(남가주) 가는 봄

화단의 봄꽃도 다 지니
매일 아침 찾아 오던
뽀쪽한 입
동그란 눈 맞추며 인사하던
Hummingbird 보이지 않는다

아 세월이 이리 많이 흘렀구나

따가운 태양 아래
30도 오르락 내리락
남가주 초여름
그늘에 들면
서늘한 상쾌한 기후

남가주
여름꽃 피면
Hummingbird
다시 오려나

(2020년 5월 7일)

할아버지

숲 속의 파란 초록 잎새
꽃밭의 백옥같은 백합꽃
윤권이 순결한 가슴 밭엔 “사랑-허전”한 방
여러 개 있다

엄마를 사랑하는 마음
아빠를 사랑하는 마음
할머니를 사랑하는 마음
할아버지를 사랑하는 마음도

늘 같이 있던 할아버지 없으니
가슴 깊이 있는 사랑,
그리고 보고 싶은 “허전한 마음” 있으리
윤권이 허전한 마음 구석에
체험해 보지 못한 동생에 대한 본능적 아쉬움도
또 있으리

어두운 구름은 오래 머물지 않고
아침에 내리는 비
오후에 화창한 날 선사하나니
인생의 어려움은 즐거운 시간의 약속이다
그러나 어려움 즐거움 다 한순간의 일일세

윤권이의 허전한 마음,
할아버지 귀국 사랑이 채워 준다
윤권이 또 하나의 사랑-허전한 마음,
애비 에미 깊은 사랑이 채워 주리라

윤권아 사랑해
미국 남가주서 할아버지가

(2020년 5월 8월)

University of California at Irvine UCI

괴정 오상규 오 국장
四代孫(사대손) Maryann
四代孫(사대손) Becky
五代孫(오대손) Rachel
공부한 곳
五代孫(오대손)Maddie 공부할 곳,
University of California at Irvine

증조부 괴정 오상규
후손들의 상아탑

UCI.
南加州(남가주) Irvine 市(시)
태평양이 지척
언덕 위 자리잡은 곳
유서 깊은 精氣(정기)가 흐르는구나

회사의 간부로 일하는 Maryann,
더 큰일해서 CEO 되거라

미국 연방 정부 변호사 Becky,
Columbia 法大(법대) 선배
Ruth Ginsburg같이 되거라
투자社(사) 근무하는 Rachel,
오마하 賢人(현인) Warren Buffett 같이 되거라
Madeline, 2020년 가을 Freshman으로 Biology
공부한다지
큰 꿈 이루거라

오상규 할아버님 숭고한 피 이어받은 후손들
Maryann, Becky, Rachel, Madeline,
UCI 높은 상아탑 정기로
꼭 그리 이루어지리라

괴정 선생 자손들
멀리 異國(이국)서 드높은 학문의 기상펼친 UCI 캠퍼스
찾은 증손 감회가 깊다

南加州(남가주) 초여름 햇볕도 따스하구나

(2020년 5월 9일)

마음의 소리

늦잠을 자야 하는 이
새벽 배웅 나와
잘 다녀오라는,
가슴 두 겹서 나오는
깊은 소리
감사히 듣는다

물가에 있는 어린애
조마조마해 하는
그 무서운 눈길
길거리 邂逅(해후)서
두 겹 깊은 가슴속
진심의 반가운 미소
고마움 느낀다

심심 깊은
사랑의 무서운 눈길
물가 언저리서
늘 무서움을 느끼는구나

(2020년 5월 21일)

저 너머

저 너머 내 집이 있어
저 山(산) 저 바다 너머 내 가족이 있어

구름 타고 바다 건너 험한 길 다 가 당도하는 곳
내 집 가족이 있는 곳

하늘 바람 따라
달려간 곳
보고 싶고 사랑스런
윤권이, 사람들이
있는 곳

온 힘 다해 달려 달려간다

(2020년 5월 22일)

南加州(남가주)의 반달

달 뜨는 저녁엔
뒷 정원에 나와 달을 본다
오늘은 반달
며칠 전엔 초생달
며칠 후는 보름달

오늘 저녁 저 반달
남가주서 보는 마지막 달
저 반달 내겐
훤한 보름달이다

자스민 꽃향기 가득한 정원
무화과 나무 감나무 석류나무
이름 모를 꽃들
늠름히 서 있는 내 친구 Eucalyptus 나무들
작별 인사 하라고
훤히 비춰 주는구나

남가주 달
말 없이 내 친구되어 고마웠다
날 기다렸다는 듯 늘 수줍어하고

그러나 난 이제 떠난다
다른 먼 곳으로
네 둥근 얼굴
그곳서 다시 보자

(2020년 5월 31일)

하나뿐인

가장 소중한
하나뿐인 당신

너무나 소중한
당신,
이제야 깨달아요

바다같이 넓고 깊은
당신,
티 하나 없고 옥같은 맑은 마음

이제야 깨달아요
참미안해요
당신

눈 어둡고
마음 답답해(?)
그 밝은

당신의 빛,
이제야 보이고 느낍니다

당신이,
얼마나 고귀한 존재임을

지난 세월,
참 부끄러운 게
많네요

당신의 신실함을
보지 못해서 말이에요

당신은,
나의 고귀한 하나뿐인

(2020년 6월 3일, at Fairmont Hotel, Vancouver Airport)

제 3 장

귀국해서

중국우한폐렴 Pendemic 연속

(중간 목차)

제 3 장

귀국해서

중국우한폐렴 Pendemic 연속

코로나(세부 목차)

73泊(박) 1日(일)

善子(선자) 동생과의 인연,
어디 73박 1일 뿐이랴
한 어머니에서
나와 자랐는데

장장 3월 21일부터 6월 2일까지
그 긴긴 시간
우린 많이 보았고, 듣고, 느꼈고, 또 서로 알았노라

아주 귀중한 값진 시간이었노라

오누이이면서 아쉽게 이제서야 보았노라
그러나 늦지 않았노라
그 갑진 것을

선자 동생의 넓고 깊은 바다같은 그 아량
아주 섬세하고 예민한 그 감정을,
사람을 포용하는 그 관용을,

그 책임감을,

훌륭한 동생을 발견한 이 기쁨
같이 했던 시간의 그 즐거움
그리고 또, 인생의 큰 빚으로 남긴다,

고마웠다.

(2020년 6월 5일)

咫尺(지척)에서

지척의 거리
훠이 손 내밀면 집 문고리인데
한 발자국 떼면 집 문앞인데

윤권이도 보지 못하고
발걸음 돌리는구나
여기 송파보건소까지 와서

이것 "중국 우한 폐렴"
중국 때문이야
참 안타깝도다

Cell에 가서 맘과 몸 닦으리라
2주는 빨리 가~~

(2020년 6월 5일)

The Cell

사랑하는 가족에게 가는 마지막 關門(관문)
이 Cell에
험한 난관 다 뚫고
여기 내가 왔노라

너댓 평 공간에
아침 햇볕,
찾아오는 유일한 친구
말 없이 왔다 슬며시 인사도 없이 간다

매일 매일
가늘어지는 팔 다리
더 실해지는 배
정신력으로 이겨 낸다

어렵게 점령한
이 高地(고지),
저 앞에

윤권이가
애미 애비가
할머니가
보인다
행복한 내가족
나를 반겨줄 고귀한
많은 것들

이를 악 물고
이 Cell에 적응하며
그날이 올 때까지 인내한다

이른 새벽 집 나온 2월 15일
장장 135일 되는 6월 18일
윤권이,
애미 애비,
할머니,
몽구,
내 침대,
곁으로 간다

Cell은 감옥이 아니다
희망과 기쁨 줄
잠시 머무는 곳

참아라 참아라
그날이 올 때까지

(2020년 6월 12일)

할아버지 왜 인제 왔어

할아버지 왜 인제 왔어
얼마나 보고 싶었는데

할아버지도 윤권이 많이 보고 싶었어

윤권이가 할아버지가 얼마나 보고 싶었나
윤권이 가슴 한 번 만져 보자
응, 윤권이가 정말로
할아버지 많이 보고 싶었구나

코로나로 할아버지 못 오시면
마스크하고 손 씻으면 되는데
왜 이리 안 오시나
참 보고 싶은데

할아버지도 윤권이가 얼마나 보고 싶었는데

할아버지는
윤권이 보고싶은 마음을 글로 적어 놓았지

윤권이 만날 때
같이 보려고

윤권이도 할아버지 보고 싶었던 마음을
글로 적어 놓았으면
더 좋았을 텐데

(2020년 6월 14일)

Coding

윤권이가
코딩 놀이를 한다
MIT서 개발한
불럭 쌓기를 하며 벌써 코딩을 익히고 있지

나중에 윤권이 홈페이지 만들어
할아버지에게 자랑할 때
할아버지도 코딩을 알아서
공감하고 싶어

윤권이 늘 유치원서, 미술 학원서
해 온 작품 자랑하며 보여줄 때
할아버지는 언제나
윤권이를 칭찬해 주지
윤권이
얼마나 좋아하는지

나중에 코딩으로
게임, 인공지능 만들어 올 때
할아버지 윤권이에게
칭찬해 줄 준비를 하고 있어

윤권이는 할아버지가
늘 가까이 있다고 생각하게 하고 싶어

윤권이,
할아버지 영원한 친구

(2020년 6월 15일)

붉은 저녁 노을

바람 타고 저녁 하늘에 번지는
붉은 노을

구름 타고 저녁 하늘에 번져 가는
붉은 노을
잡으러 간다

해 뉘엿 뉘엿

저녁 별 나타난다
밝은 별 하나 찾아
마음에 새겨 놓고

내일의 밝은 해
새 희망의 밝은 날
기다린다

(2020년 6월 16일)

제 3 장

귀국해서

중국우한폐렴 Pendemic 연속

귀가해서(세부 목차)

젊었던 세월

잘해 주려 하지 말고
남을 편하게 해 주는 것이
그를 위하는 일이라 늘 말씀하셨죠

그러나 그 옛날 젊은 시절엔
그 뜻을 모르고,
알려고도 하지 않았지요.

세월이 흘러 그 뜻을 깨달았을 땐
많이 늙고 사랑도 식었군요

좋은 얘기도 하고 사과도 하고 싶은 때도
내 얘긴 언제나 화나는 일로만 끝났어요

이 세상에 와
당신을 얻은 것이
내 일생의 큰 보람이고 행복인데

난 당신 앞에 언제나
좋은 사람으로 되고 싶었어요

(2020년 6월 17일)

집에 오니

오랜만에 집 냄새 맡는다
피란생활 방불케 하는
어지럽게 널려진 짐
쌓여 있는 짐 속에서
사랑의 냄새 난다

우리 집 냄새
사랑의 향

윤권이 애미 애비
할머니 몽구까지 서로 아껴 주고 감싸 준다

사랑의 샘
흐르는구나

사랑은 어떠한 난관도
다 극복해 준다
사랑의 힘은 위대하기 때문에

사랑의 힘으로
힘차게 달리자
약속된 행복의
땅으로

(2020년 6월 18일)

六月(유월), 다시 영광으로

중국 우한 폐렴 코로나
일상생활 다 마비시키는구나
윤권이 유치원 개원도 5월 말에나
4월에 귀국하려던 할아버지 6월에

이러한 어려운 역경
유월의 위력으로
다 극복하는구나
다시 유월의 영광
유월의 기쁨
계절의 여왕 유월로 다시

할머니 생신
유월 중심이구나
유월의 온 정기
할머니의 깊은 사랑
할머니의 인내
할머니의 위대한 그 심성

오늘 74세 맞는 할머니 생신날
할머니의 깊은 뜻
우리는 배우네 느끼네

할머니 만수무강하세요
언제나 건강하세요
언제나

(2020년 6월 27일)

西風(서풍)

저녁 부엌 창문 빼꼼이 열려 있다
찌는듯한 더위
후덥지근한 장마

어, 한줄기 시원한 바람
가늘게 열어 놓은 창문 사이로 들어와
마음 상쾌해진다

어디서 많이 접했던 그 시원한 바람
西風(서풍)

남가주 고요한 저녁
뜰에 나오면
서풍이 은은하게
밀려온다
자스민 향 몰고서

낮 더위에 지친 봄
시원하게 식혀 주던
서풍

어언 남가주의 그리움
창문의 틈새 바람이
남가주 서쪽 바다 바람
내 맘에 일게 하는구나

(2020년 6월 28일)

사랑의 Sparkling

사랑의 Sparkling
고귀한 것
위대한 것

진귀한 異性(이성)만이
사랑의 싹 틔울 수 있다

사랑의 Embryo
Sparkling으로 승화한다
위대한 힘으로

고귀하고 어렵게 생긴
사랑의 Sparkling
고이 고이 소중히 간직해

크게 成長(성장)시켜
원숙한 사랑의
境地(경지)에 닿아야 한다

일평생 人文學(인문학)을
축적해 놓고
토해 보지 못한 恨(한)
사랑의 昇華(승화)에
그 恨(한)을
안개 구름 浪漫(낭만)으로
영원토록 피워라

인문학의 낭만이여
영원히 영원히 피어오르라

사랑이여
영원히 영원히

(2020년 6월 30일)

時間 旅行(시간 여행)

4개월의 여행 후 귀가하니
신문이 높이 쌓여 있다
옛 신문을 읽으며
나 없이 흘러간 시간을 여행한다

존재하지 않은 나
나는 정말 존재하지 않을까
인생을 음미하고
나를 본다

4개월의 짧은 시간이지만
나의 존재를 찾으려고 노력하는구나

죽음은 무엇인가
죽음은 시간을 잃어버리는 것

시간 여행을 하며 삶과 죽음은 하나라는 것
나를 보고 삶을 느낀다

(2020년 7월 22일)

七月(칠월)은 가고

비 그친 이른 아침
상쾌한 공기
몽구와 나무 밑 걷는다

초복 중복 다 품었던
칠월,
여름 더위
기승 한 번 부려 보지 못하고
그냥 떠나는구나

세월이 빠르다곤 하지만
너무 빨라 서운함도 잊는구나
나이 팔십 넘어 세월,
이리도 빠른가
중국우한폐렴 코로나 때문에
이리도 빠른가

빠른 세월
미래도 좁힌다
그 섭리 따라야 해

아, 칠월도 간다

매미 울음 소리만 남겨 놓고

(2020년 7월 30일)

제 3 장

귀국해서

중국우한폐렴 Pendemic 연속

윤권이 여름(세부 목차)

윤권이 여름방학

오늘 윤권이 여름 방학 하는 날
지루하게 내리던 장맛비도 멎고
녹음이 우거지고 공중 높이 까마귀가
까악 까악
윤권이 방학 축하해 주고

중국우한폐렴 코로나로
윤권이 3월, 4월 유치원도 못가고,
5월 말경 27일 겨우
등원을 하게 되었다

할아버지 미국여행 갔다가 4개월만에 집에 오니
윤권이 많이 커 길게 늘어난 듯

윤권이 방학 계획
재미있게 만들었어
잠도 많이 자고
아빠하고 곤충채집도 하고

바다도 가고
재밌는 계획이 많구나

8월 18일 개원을 하면
윤권이 유치원 마지막 학기가 되겠구나

2학기에는
내년에 갈 초등학교 선택
마지막 유치원생
Halloween 파티

크리스마스 선물
재미난 일들이
많이 많이 기다리고 있구나

윤권 대장
건강하게 잘 자라라
언제나 큰 꿈을 갖고

할아버지가

(2020년 7월 31일)

윤권이 장난감

오늘 윤권이 여름 방학 첫 날

윤권이 오랑우탄 까부는 포즈 취하며
할아버지,
오랑우탄 사 줘요 하네

토이저러스 매장 기웃대도
오랑우탄 원숭이 없어
윤권이에게 다시 전화로 연락한
할아버지

신비 아파트
자간 토면귀 적목귀
사 달란다

할아버지 하나 접어 쇼핑백에 넣고
윤권이 얼마나 좋아할까
생각하며 달려온다
오는 발길
왜 이리 가벼워

현관문 여는 소리
윤권이 할아버지 손에 든 것 보고
너무 좋아
현관에서 거실 끝까지
흥분해서 소리지르며
몇 번을 왕복한다

몽구도
흥분해 짖으며
윤권이 따라다닌다

할아버지 방에서 뜯으며
할아버지,
이것은 자간
이것은 토면귀
이것은 적목귀
하나 하나 보이며
설명해 준다

장난감 손에 든 윤권이
저리도 좋을까

(2020년 8월 1일)

꽃 세 송이

빨간 장미
분홍色(색) 카네이션
보라색 水仙花(수선화)

꽃 한 묶음
情熱(정열), 煽情(선정), 智性(지성)
다 아우른다

붉은 장미
분홍 카네이션
두 묶음 꽃

정열과 선정
달콤한 사랑의
유혹

외롭고 쓸쓸히
혼자 남은 수선화

굳은 의지
표상

세 송이 묶음 꽃
조화롭다

(2020년 8월 1일)

비 그치고

먹구름이 하늘 깊게 덮힌 이른 아침
비가 멈췄다
몽구 데리고 아침 산보 나간다
밤새도록 굵은 비에
얻어 맞은 나무
생에 지친듯
축 늘어져 있다
짙은 검은 초록색 나무 터널 지나며
내 발자국 소리 듣는다
적막을 느끼며
삶을 반추한다

(2020년 8월 10일)

Ice Coffee

Renaissance 헬스클럽
아래층 뚜레쥬르
땀 흘리고 늘 지나는 곳
오늘 저녁 이석배 대표와
아이스 아메리카노
한잔하자 약속한 날
혼자 긴 빨대로 쪼르록
마시며 기다린다
헬스서 땀 흘리고 나와
아이스 커피 한 잔
참
인생이 즐겁다.

(2020년 8월 16일)

에미 그리움

에미는 나를 지켜 주고
편안한 가장 아름다운 존재

정 많고 인내심 강한 윤권이도
에미는 이 세상 무엇과도
바꿀 수 없는
절대적 존재

중국우한폐렴 코로나
윤권이 유치원 등원도 못하게 하는구나

집에서 혼자
그림 그리고
책도 읽고
장난감 가지고 노는 윤권이
에미 생각 문득 문득 난다

할아버지
전 엄마 보고 싶으면
엄마 옷 꼭 안고
엄마 옷 냄새 맡아요
훅훅 냄새 맡는다

에미 그리움
萬有引力(만유인력)

(2020년 8월 28일)

장마는 끝나고 여름도 가고

긴 여름 매일 매일
내리는 장맛비 더위를 식혀 준다

쏟아지는 빗속에서도
매미는 요란하게 울어댄다
짝 찾기 위한
본능적 절규

이 여름
비도 그치고
더위도 가고
매미도 떠났다

이것이 세월의
無常(무상)함인가

(2020년 8월 29일)

파마

늦은 저녁
애비에 안겨
저녁 인사 온
윤권이

곱슬 곱슬 머리
파마 했구나
윤권이 더 귀엽고 이쁘다

1985년
고모 네 살 애비 두 살 되는 해
할아버지 따라 독일 가던 그해 여름
곱슬머리 파마한 애비 고모
할머니에 안겨 있던
애비 너무 귀여워
독일 막스 프란크 Max Planck 연구소
펫쪼Petzow 소장도
귀여워한 애비 고모
애비 고모 같이 건강히 잘 자라라

(2020년 8월 30일)

제 4 장

새로운 세상

(중간 목차)

제 4 장

새로운 세상

가을을 맞으며(세부 목차)

앞니 빠진 윤권이

윤권이가 이를 가네
매일매일 쉬지 않고
成長(성장)하는 윤권이

쪼그리고 앉아 장난감 조립하는 윤권이
떡 벌어진 이 어깨
길죽해진 등을 보라
누가 어린 애라 하나
늠름한 한 초등학생

장난감 조립에
오물조물 손 놀림
복잡한 조립 장난감
직감으로 통달한 윤권이
장난감 달인
창조 실천 과학자

윤권이 두뇌
한 시도 멈춰 있지 않는구나
생동하는 두뇌 운동
역동적 두뇌 발산

아, 이제 成人(성인)이 되어서까지
한평생 쓸 이를 갖는구나

새로 날 이야,
윤권이 소방관, 치과 의사
패기 찬 대통령이 되는 꿈
잘 이루도록
네가 보필해야 한다

새로 날 이야,
윤권이 잘 보좌해
대통령님 치아 되거라

(2020년 9월 1일)

방귀

윤권이가 방구를 뀐다
지독한 방귀 냄새
소리 없이 뀐 방귀
어린 윤권이 이런 심한 냄새 방구 뀔 수 없어!
옆에 있는 몽구가?

얼마 후 소리 없는 방귀
고약한 냄새 진동한다
윤권아 방구 뀌었어?
응
너 배 아퍼?
아니
응가 마려워
엄마 오면 할게
에미 퇴근 후에도
윤권이는 응가를 안 했다

며칠 전 배가 아프다며
응가를 서둘러 했다
응가를 하면서도
배가 아프단다
배에 이상이 있어서
지독한 방귀 냄새가 나나?

윤권이 아프지 말고
건강하게 잘 자라라

(2020년 9월 3일)

복숭아 여름

금년 복숭아 참 맛있었어
씹는 맛 좋고 단 물 많아서

오늘 하늘 보니
높고 푸르러
가을이 왔나 했다
늘 반기는 계절
가을

금년은 긴 장마에
여름같은 여름 없이 지나
너무 아쉬워
금년 여름
지금까지 먹어 보지 못한
복숭아 먹어 봤잖아
금년 여름 뭐했지
아 맛있는 복숭아
많이 먹어 봤지

시간 흐름의 진리
누가 거역하나
즐겁게
가을 맞이하자
맛있게 먹었던
여름 복숭아 생각하며

(2020년 9월 4일)

윤권이 부탁

윤권이 오늘 할아버지와
래미안 놀이터에 갔다
놀이 틀 높은 데 올라
비눗방울 만들며 논다
놀이터 친구들과 딱지치기도 하고
정신없이 재밌게 논다

어느덧 햇볕이 뉘엿뉘엿
땅거미가 찾아 와 어둑어둑하다
낮 온기 가시고
으스스 춥구나

친구들과 놀던 윤권이 다 접고
할아버지 집에 가 추워 한다
할아버지 등 따뜻해 업어 줄까

할아버지 등에 업힌 윤권이
긴 다리 양 옆으로 쭉 뻗어 있다
언제 다리가 이렇게 길어졌는지

윤권아 할아버지와 대성마트 갈까
응
가서 윤권이 좋아 하는 것 많이 사 줄게

할아버지 이게 뭐야
솜사탕
솜사탕 사 줄까

아니
할아버지 솜사탕 사 줘 하면
이건 설탕이 많아 좋지 않아
안돼, 해

할아버지 이제 뭐야
이건 초코야
초코 사 줄까
아니
할아버지 초코 사 줘 하면
여긴 설탕이 많이 있어 안돼,
이렇게 해

대성마트 과자 코너 돌며
윤권이가 부탁을 한다

할아버지는 윤권이가 원하는 것
다 들어주니
철이 난 윤권이
할아버지 데리고
대성마트 현장서
할아버지 교육시킨다

(2020년 9월 18일)

제 4 장

새로운 세상

가을을 보내며(세부 목차)

남한산성

이른 아침 베란다 커튼 올리니
멀리 남한산성
한눈에 들어온다

엷은 검은 구름에
쌓여 있는 남한산성
어둠의 서곡인가

강렬한 아침 태양
검은 구름 헤치고 굳세게 솟아오른다

400여 년 전 仁祖(인조)도
저 태양을 보았으리
오늘의 굴욕
훗날을 기약하는
저 태양으로 위로 받았나

전쟁 두려워
굴욕의 평화 택한 인조
우리 옛 고구려 `얼도 氣像(기상)도 잊었나
광계토대왕께 부끄럽지도 않았나
400년 전 인조의 굴욕
300년 후 倭(왜)에 나라 빼앗기는 예견

위장 평화로 전쟁을 피하는 군주
남한산성의 저 붉은 태양으로
민족의 이름으로
민중의 소리로
국민의 힘으로
몰아낸다

붉은 태양 토해 내는
남한산성
너 위대하다
민족의 化身(화신)인가

(2020년 10월 2일)

문틈으로

문틈으로 들어오는 바람
온몸이 오싹해진다
매미 울던 여름으로
착각하고 있구나

아, 벌써 팔십이구나
늙음의 기준인가
해야 할 일이 있고
만나야 할 사람
펼쳐야 하는 꿈

고요한 호숫가
걸어야 할 마음
한잎 한잎 떨어져 쌓여 있는
홍엽도 밟고

내 마음의 影像(영상)에 불어오는 바람

(2020년 10월 4일)

고요함

호숫가 잔디밭
내가 여기에 있다
적막의 세계
고요함

달빛 따라 걸어온
이곳
호숫가 잔디밭

은은한 월광곡
환상이 들려온다

하늘에 떠 있는 달
잔잔한 호수
그리고 나만이 여기에 있다

부드러운 달빛
피부에 와 닿는다

혼자서 한걸음 한걸음 내딛는다
아마도 아직도
내 理想鄕(이상향)을
向(향)하여

(2020년 10월 5일)

初心會(초심회)

대청호 風光(풍광)에
은은히 퍼지는
초심회 溫氣(온기)

대청호 언덕 위
오랜만의 해후
언제나 서로 아껴 주는 따뭇한 마음
아, 그리웠던 초심회 만남

초심회 반겨 주는
대청호 잔잔한 물결
다소곳한 외딴섬들

30여 년 전 의기투합
초심회 탄생되고
긴 긴 세월
모진 세파 다 견딘
不朽(불후)의 정기
오늘의 대청호 만남

어느덧 대청호
해는 뉘엿뉘엿
해어짐 마냥 아쉽구나
1월 통영 만남 약속
뒤로한 무거운 발길

대청호 저녁 별빛

(2020년 10월 12일)

세종시 가는 길

세종시에
국가보훈처가 있다

이조 말 忠臣(충신)
을사늑약에 분기(憤氣)하신
애국계몽(愛國啓蒙) 운동의 선구자
괴정(槐庭) 오상규(吳相奎) 선생

국가유공자 敍勳(서훈)을
위해 세종시를 간다

한북흥학회를
이준과 협업하여 창설하셔서
초대회장으로 함경도 지방에
300여 개 학교를 설립하셨네

우매한 백성들 계몽하여
독립심을 고취시켰고

안창호와 의기투합하여
서북학회 창설하고 2대 회장을 역임하며
독립 운동의 초석을 다지고
모진 日(일)의 고문과 회유를 뿌리치고
강제 패쇄될 때까지
서북학회를 지키신
槐庭 선생

끈임없는 일제의 모든 유혹 다 물리치고
초야에 머물다
독립의 恨(한)을 품고
壹期(일기)를 마치셨다

아, 李祖(이조)의 충신
애국 독립 계몽 운동의 鬪士(투사)
내 증조부
괴정(槐庭) 오상규(吳相奎) 선생

(2020년 10월 14일)

오금공원

오금공원
짙은 숲
하늘 가린다
적막의
깊은 숲
무념 무상
자연의 아늑함

가을 깊어
잎새 다 가면
나의 숲도 가겠지

(2020년 10월 22일)

沃川(옥천)의 二鄕(이향)

옥천에는 읍내와 정거장
두 고을이 있네
세월의 흐름에 그 이름도
읍내는 구읍으로
정거장은 옥천읍으로
바뀌었구나

개발과 발전에
숨가쁘게 달리는
옥천

정거장 옥천읍에는
옥천의 발전 담겨있어
올망졸망 즐비한
저 서점들 보라

옥천의 깊은 얼 담긴 옥천읍, 구읍
정지용 시인 있던 곳
한적한 고향 옥천 구읍
앞산에 올라
다니던 죽향학교 굽어 보고
죽향학교서부터 멀리 옥천 삼거리까지
펼쳐 있는 넓은 들판
흐르던 실개천 굽어보며
정지용 향수 읊었으리
즐비한 古宅(고택)
정지용의 문화

나의 고향 옥천읍, 구읍
육영수 여사를 낳은 곳 옥천읍, 구읍
내 아버지 100여 년 전에 건립한 大成寺(대성사)
이 모두 읍내 구읍에 있다
옥천의 유산이다

옥천의 두 마을
지나는 어느 나그네도
발길 멈춘다

(2020년 10월 25일)

가을 자두

어, 자두
윤권이 한눈에 잡힌
가을 자두

가을에 무슨 자두
긴 여름 햇빛에 그을리고
밤과 낮 깊은 온도 차이
구름 한 점 없는
높은 가을 하늘
순수한 가을 빛에
원숙해진 자두

짙은 자주색 자두
우리 윤권이 눈을 피할 수 없었으리

한 입 깨문 가을 자두
높은 당도
쫄깃한 육질
온몸이 오싹해진다

가을 자두에
찬미를 보낸다

윤권아 고맙다

(2020년 10월 31일)

신문 Scrap

아침 일찍 배달되는
신문 熱讀(열독)
하루를 연다

이 기사 이 사진
다시 읽고 싶어
가위질 한다

매일 아침 반복되는
일
사랑의 스크랩

오늘의 나의 일
다
끝났다

(2020년 11월 10월)

겨울 커피

부르크라인(Brookline)
좁디 좁은 커피점
스타박스
창가 옆 높은 의자에 앉아
커피 한잔
어둠침침한 하늘
보스톤 초겨울
밖엔 눈발 흩날리네
잰걸음 걷는 행인들
앙상한 가지에 달린 잎새
오 헨리의 마지막 잎새인가
저 잎새 떨어지면
나도 떠난다
정든 Brookline을

겨울 커피 한 잔의
추억

(2020년 11월 20일)

가을 냄새

오금공원 푹 쌓인 낙엽 길 걷는다
낙엽 위를
은은한 냄새
낙엽 냄새

가을 냄새
어떤 향수가
이 향 흉내 낼 수 있을까
대자연이 주는
고귀한 선물
자연은 순리이다

가을이 주는 순수함

(2020년 11월 21일)

제 5 장

윤권이 합격

(세부 목차)

윤권이 합격

아 기쁘다
윤권이가 합격해서

윤권대장, 축하해요
윤권이 앞날 여는 첫 길
700여 명 응시자
13대 1 좁은 關門(관문)
선택된 윤권이 축하한다

언제나 근면하고,
어제나 정직하고,
언제나 겸손하며,
언제나 서로 돕는
봉사 정신,
가르침의 根本(근본),
근면, 정직, 겸손, 봉사,
한양초등학교,
그 합격, 축하해

윤권아
한국의 미래를 여는
성군 오윤권
세계를 이끄는 한국
그 중심에 오윤권 있다

사회의 첫 발 딛는
윤권이
건강하게 씩씩하게
잘 자라다오

(2020년 11월 23일)

낙엽은 가고

마당과 정원에 푹 쌓였던 낙엽
다 치워져
정원이 마당이 깨끗해졌다
환해졌어

푹 쌓여 있던 낙엽
푸근한 마음
여유로움 마음
정을 주던 낙엽이
하룻밤 사이에 가 버렸어
달력 한 장 쉽게 넘기듯
그렇게 쉽게 가 버렸어
네가 주었던 그 풍요로움
다 버리고 다 잊고
그리 쉽게 떠나는구나

깨끗한 정원
해말쑥한 새 얼굴로

변신한 정원
새봄
희망 맞이할 차비를 하는 건가
깨끗한 정원
오는 봄에 좋은 일
약속하듯 환히 웃는다

나에겐
떠나 버린 낙엽이
아쉽기만 하다
떠남 이별 변화
이리 쉽게 생겨
두렵구나

낙엽아

(2020년 11월 29일)

숲길

오금공원 등산길
만 갈래가 있어
잘 정지된 등산로도 있고
꼬불꼬불
길 아닌 숲길도 있어

앙상한 가지에
푸릇푸릇 봄 알리는 숲길
여름 자락 녹음 우거져
길 보이지 않는 숲길도 있어
가을엔 낙엽이 쌓여
낙엽 좋아 밟는 숲길
겨울엔 눈 쌓인 숲길
발자국 내며 걷는 숲길

이 발자국
어디가 끝인가
끝 찾아 걷는
숲길

(2020년 12월 4일)

할머니 요리

할머니 요리는 일품

식구들 다 잠든 뒤
혼자서 꾸물꾸물 요리를 한다
다음날 식구들 위해

조용한 부엌이 할머니 평생
대학 연구 실험실인 듯
최상의 맛을 내기 위해
맛의 본질을 탐구하고
이것 저것 배합도 해 보고
할머니의 요리는
언제나 새롭고 신비스럽다

아, 할머니 김치찌개
아, 할머니 된장찌개
언제나 새로이 탄생한 요리다

할머니
중세 요리 연금술자

(2020년 12월 12일)

눈 온 겨울 아침

어젯밤 유난히
밤이 길다 했더니
눈이 쌓여 있구나

눈 없는 겨울
상상만 해도 삭막해진다

칠흑같은 밤
창가를 스치는 눈
신비스런 소리
먼 우주서 온 Message

소리 없이 조용히
내리는 눈
사색에 잠든
철학자의 속삭임

푹 쌓인 눈
나의 아침을 열다
내 겨울을
내 마음을

(2020년 12월 13일)

윤권이 교복

윤권이 오늘 왕십리에
한양초등학교 교복 맞추러 갔다
교복은 제복이다
한양의 제복
"사랑의 실천: 근면 정직 겸손 봉사" 얼에
나를 담근다

애비 고모도 30여 년 전
아마 그 집서 교복을 맞추었으리
할아버지도 60여 년 전
한양대 제복을 입었지
윤권 대장
한양초등학교 입학
3代 한양 가족의 탄생
아, 자랑스럽다

윤권아, 한양초등학교 교복 입고
거리낄 것 없이 무엇이든

하고 싶은 대로
천진 난만하게
건강하게
늠름하게
한양의 얼
잘 받기 바란다

(2020년 12월 15일)

제 6 장

2020년 보내며

(세부 목차)

精神(정신)의 날개

정신은 영혼이고 마음이다

날개 달린 영혼 날아오고
소리 없는 마음이 와
내 머리에
그리고 심장에
희노애락 둥지를 튼다
오감, 또 한가지 더
六感(육감)이
나의 삶이다

나의 영혼이
나의 정신이
나의 마음이
날아가는 날
나는 나를 떠난다

(2020년 12월 20일)

동무

친구도 만나지 못하는 날들
친구는 만나야 할
일이 없어도
만나는 일
친구는 만날 일이
있어도
만나지 않는 관계

해가 져 새날이 와
잘 가, 그리고 다시 만나
기약 없이 또 만나
그 말을 하려고 만나는데
중국우한폐렴 코로나가
다 막았구나

누구를 탓하리
가는 세월만 먼 산 보고
앉아 있다 혼자서
동무야

(2020년 12월 25일)

샤프

샤프는 긴 연필심 꽂아
연필같이 쓰는 볼펜

애들 학교 때 쓰던
오래된 플라스탁 샤프
매일 매일 소중히 잘 쓰고 있다
윤권이 일기도
詩(시)도 생활 기록도
그리고 가끔 그림도 그리고
골동품같이 귀히 간직해 쓰는
이 초록색 샤프

오늘 문방구서 이것 저것 사니
가게 주인 고맙다고
값나가는 볼펜 하나 덤으로 준다
난 볼펜은 잘 안 쓰니
샤프로 하겠다 하고 초록색 샤프 하나 골랐다
이건 천 원짜리라며
다른 비싼 것 하나 더 준다

내가 애지중지하는 샤프
천 원짜리 초록색 플라스틱 샤프
나에겐
가격 없는
무한의 가치

(2020년 12월 26일)

욕망 그리고 집념

윤권이
욕망과 집념이 강해
하고 싶은 것도 많고
갖고 싶은 것도 많지
먹고 싶은 것도
호기심도
알고 싶은 것도 많아
묻는 것, 질문도 많아

작은 키에
고사리 손으로 천장 어루만지고 파
침대 옆 소파 머리 올라
휙~ 이 익 점프
침대 위에 떨어진다

마음의 손가락만
천장에 닿은 듯
마냥 아쉬어
점프 점프 또 점프

질리지도 않나
힘들지도 않나
오늘도
점프 점프

아, 윤권이 욕망 집념

(2020년 12월 28일)

오늘은 가고

오늘은 기약 없이 가고
또 하나의 오늘을 맞는다
오늘은 언제나 역동적
역사 창조 Mystery

2020년 오늘은
중국우한폐렴 바이러스
고통스런 불안 공포의 Spectrum
오늘이 가고
새로이 맞을 오늘
특별한 오늘
2021년 첫 오늘이다

희망과 Vision의 결실
약속하는 365일 오늘
모두의 건강을 약속하고
윤권이 티 없는 마음을
윤권이 명석한 두뇌를

윤권이 불굴의 지구력을
약속하고
애비 에미 번영을 약속하는
나날의 오늘

미련 없이
오늘 빨리 보내고 싶어
약속의 새 오늘
빨리 만나고 싶다

(2020년 12월 31일)

끝맺음

이 해가 가기전 국화가 있을 무렵 정죽시집 3을 출간 한다고 1, 2집을 낼 때 생각했었는데 시간이 이렇게 빨리 흘러 숙제하듯 정죽시집 3을 낸다. 써 놓은 글을 다시 읽으며 어색한 점도 있지만 수정 없이 그대로 낸다. 그때의 감정을 살리려는 마음이다.
내 24시간 하루 중 시를 쓰는 시간이 가장 즐겁다. 장소나 환경을 가리지 않고 고민 없이 느낀 그대로 적는 기쁨! 느낌이 있을 때 나만의 단어로 적어둔 기록. 정죽시집 3을 출간하며 이렇게 적고 싶다.

저자 소개

晶竹(정죽)
충북 옥천 출생
공학 박사

晶竹詩集3

인 쇄 2024년 10월 28일
발 행 2024년 10월 30일

저 자 晶竹
발행처 한림원출판사
주 소 서울특별시 중구 퇴계로51길 20, 12층
전 화 02-2273-4201
편집·인쇄 한림원(주) http://www.hanrimwon.com